Marie Stadler

mama
MANTRAS

Lieber entspannt als perfekt

arsEdition

INHALT

Mamamantras

Der Mama-Oscar existiert nicht. **S. 6**

Ich kann nicht alle Dinge mit großer Liebe tun. **S. 10**

Ich darf meinen Platz frei wählen. **S. 14**

Ich muss nicht immer gewinnen. **S. 18**

Jetzt nicht! Und später nur vielleicht. **S. 22**

Jeder macht hier nur seinen Job. Ist okay so. **S. 28**

The person you have called is temporarily not available. **S. 32**

Mein Gedächtnis ist wie Instagram. **S. 36**

Die Stewardess in mir sagt: Erst ich. Dann ihr. **S. 40**

Jeder meiner Fehler ist eigentlich hohe Pädagogik. **S. 44**

Ich muss nicht jeden Ball annehmen. **S. 48**

Ich bin gut. Ich bin klug. Ich bin wichtig. **S. 56**

Jeder Ärger ist ein Geschenk. **S. 60**

Ich bin keine Ameise. Punkt. **S. 64**

Keiner ist hier falsch. Auch ich nicht. **S. 68**

Ich bin lieber Bibis Mama als die von Conni. **S. 74**

Meine Seele trägt einen knallgelben Regenmantel. **S. 78**

Eine Tasse Kaffee mitten im Chaos zu trinken, ist kein Verbrechen. **S. 82**

Jeder Fels darf auch mal Welle sein **S. 86**

Ho´oponopono **S. 90**

S. 26

Zitate, die
dir zeigen,
dass du
nicht allein
bist

S. 52

Heldinnen
wie wir.
Neun Fakten
übers Mama-
sein, die
dich sofort
stolz machen

S. 72

Noch mehr
Zitate,
die dir Mut
machen

P.S.: Dieses Buch wurde von einer Mama übers Mamasein geschrieben. Ich bin mir aber ganz und gar sicher, dass es auch für Papas geeignet ist. Denn zum Glück ist Mama- und Papasein mittlerweile in vielen Familien fast dasselbe. Ich hoffe, dass du mir die Ansprache „Mama" verzeihst, falls du ein Mann bist. Selbstverständlich meine ich auch dich!

Liebe Mama,

DIE DU DIESES BUCH IN DEN HÄNDEN HÄLTST

Beschleicht dich auch manchmal das Gefühl, dass in deiner inneren Ruhe die ganze Kraft und das Glück der gesamten Familie liegt? Dass du nur irgendwie deine verdammte Mitte finden müsstest, und schon wäre dein Familienleben so glücksdurchtränkt wie die PR-Fotos von Kate, William und den Royal-Kids nach der Photoshop-Retusche?

Du ahnst nicht, wie oft ich in diesem Irrglauben versucht habe, mich mit hundert OMMMS, progressiver Irgendwas-Entspannung und diversen Selbstoptimierungsmaßnahmen seelisch in Form zu bringen. Alles für die optimale Elternschaft. Alles für den Frieden der Familie.

Was es mir am Ende gebracht hat? Vollkommene Erschöpfung. Falls es einen Relax-doch-mal-Burnout gibt: Ich hatte ihn bestimmt. Eigentlich logisch. Denn wenn jemand der Meinung ist, er oder sie hätte die Macht, alles und jeden in Ordnung zu bringen, dann ist das nicht nur ein Fall gnadenloser Selbstüberschätzung, sondern außerdem auch noch eine komplett überfordernde Verantwortung. KANN NUR SCHIEFGEHEN.

Es ist vollkommen absurd, Entspannung als Instrument zu nutzen, um Perfektion zu erreichen. Das ist einfach ein Widerspruch in sich.

DIE WAHRHEIT IST: Kinder zu haben, eine Familie zu gründen, ist völlig verrückt. Das eigene Leben wird, sobald wir einen positiven Schwangerschaftstest in den Händen halten, zu einer atemraubenden Achterbahnfahrt. Nie zuvor spürten wir mehr Liebe, Anstrengung und Ehrgeiz in uns. Nie zuvor war eine Aufgabe so wichtig und so „zu viel" zugleich.

Seit ich das verstanden habe, gibt es für mich nur noch Ideale, die den Realitäts- und Alltagscheck überstehen. Die 20 Mantras in diesem Buch helfen mir dabei, das Mamasein als das zu begreifen, was es ist: als etwas zutiefst Menschliches, Realistisches. Wir Mamas sind mal gutes, mal abschreckendes Vorbild. Vor allem aber sind wir Frauen, jede für sich wundervoll und haargenau richtig. Das ändert sich nicht an dem Tag, an dem wir Mütter werden. Keine von uns muss perfekt sein, um genug zu sein, und keine von uns wird jemals eine immer nur glückliche Familie haben. Nicht mal Kate Middleton. Ich glaube fest daran, dass „gut genug" das neue „Perfekt" ist und dass niemand immer sein Bestes geben muss.
Wenn du diese Meinung mit mir teilst, dann hast du nach genau dem richtigen Buch gegriffen. Es wird dir nicht erzählen, wie du besser wirst. Es wird dir nur erzählen, warum du längst gut bist.

DER
Mama-
Oscar
existiert
NICHT.

Na, hast du auch eine „Beste Mama der Welt"-Tasse im Regal? Oder eine „Du bist die Beste"-Grußkarte am Kühlschrank? Eine goldene Trophäe als Mutter des Jahrhunderts oder wenigstens ein „Best Mom ever"-Schlafshirt? Falls nein, nicht so schlimm! Falls ja, auch nicht schlimm, aber leider wertlos. Denn die grausame Wahrheit ist: SIE ALLE LÜGEN!

Wenn wir ehrlich sind, wissen wir längst, dass die Jury, die den Beste-Mama-Oscar vergibt, gar nicht wirklich existiert. Weder du bist die beste Mama der Welt noch bin ich es.

ABER DAS SCHÖNE IST: Wir müssen auch gar nicht die besten Mütter sein. Es reicht vollkommen, die eine beste Mama unserer Kinder zu sein. In dieser Disziplin gibt es zum Glück so wenig Konkurrenz, dass uns selbst gelegentliche „Du bist die schrecklichste Mutter aller Zeiten"-Anfälle unseres Nachwuchses keine große Angst einjagen sollten. Im Grunde ist uns die Nichtexistenz des Awards auch vollkommen klar, doch es scheint nichts zu geben, was Mütter häufiger vergessen (außer vielleicht diverse Zahnarztkontrolltermine und wo wir den Zettel mit der Elternabend-Anfangsuhrzeit hingelegt haben). Und trotzdem jagen wir gegen jede Vernunft immer wieder diesem

imaginären Pokal der univer-
sell besten Mama hinterher.
Indem wir zum Kuchenbasar
eine besonders hochwertig
bestreuselte und aufwendig zu
backende Dino-Torte mitbringen, im
Advent 24 Päckchen pro Kind liebe-
voll selbst befüllen oder in der Nacht zum ersten
Geburtstag noch hundemüde die Nähmaschine
rausholen, um eine hübsche „1" auf das Shirt zu
nähen. Könnte man alles einfach lassen. Interessiert nämlich keinen außer uns, was wir alles
leisten und wie viel Anstrengung uns das kostet.
Irgendeine Stimme in uns treibt uns dennoch
stetig an, noch ein bisschen mehr zu geben als
bisher. Wir wollen noch geduldiger, noch pädagogisch wertvoller, noch vorbildlicher, noch
achtsamer, noch engagierter und dabei möglichst
noch entspannter sein als je zuvor.

Dass wir der imaginären Jury am allerbesten gefallen würden – vorausgesetzt es gäbe sie – wenn
wir es einfach mal gut sein ließen, das kommt
uns meist immer erst dann in den Sinn, wenn
wir zu heiß gelaufen sind und unsere Sicherungen
durchknallen. Wenn wir die eine Mama sind,
die auf dem Klo heult, oder die, die das Kind
anschreit, nur weil es trotz Eile die Schuhe im
Schneckentempo selbst anziehen möchte.

Immer mal wieder innezuhalten, wenn es stressig wird, und sich zu fragen: „Wem genau möchte ich eigentlich die beste Mutter sein?", hilft ganz gut beim Erkennen der sinnlosen Oscarjagd-Aktionen. Weder interessiert es unsere Kinder, wie teuer die Kuchenstreusel waren, noch kann ein Einjähriges eine „1" lesen. Und dass wir den Adventskalender selber basteln, mag vielleicht für den Moment auch unseren Kindern gefallen, beschert ihnen aber letzten Endes eine überarbeitete und gestresste Mutter. Das wiederum wäre dann das Gegenteil dessen, was wir erreichen wollten. Also weg mit dem imaginären Pokal. Weg mit den Tassen, den Schlafshirts und den „Mütter sind wie Engel"-Karten! SOLLEN DIE ANDEREN SICH UM DEN MAMA-OSCAR KLOPPEN.

Wir machen da nicht mehr mit. Wir sind raus. Und das fühlt sich vielleicht sogar besser an, als die Beste zu sein.

Ich kann nicht

ALLE
DINGE

mit

großer Liebe

tun.

Die einzige Sache, die nicht weniger wird, wenn man sie teilt, ist die Liebe. Jede Mama weiß das. Erstens, weil es in jedem zweiten Sprüchekalender steht, und zweitens, weil wir niemanden auf der Welt je weniger geliebt haben, nur weil wir ein Kind bekommen und uns sofort in dieses süße kleine Wesen verliebt haben.

EIN BISSCHEN ANDERS SIEHT DAS ABER AUS, WENN ES NICHT UM MENSCHEN, SONDERN UM AUFGABEN GEHT.

Liebe ich es, Kinderzimmer zu dekorieren? Klar! Koche ich gerne gesund? Auf jeden Fall! Und lese ich meinen Kindern gerne etwas Schönes vor? Sicher! Doch die Zeit, alle diese Dinge immer mit Liebe und Hingabe zu erledigen, die habe ich ganz einfach nicht. Die hat niemand. Niemals wird ein Kinderzimmer in unserem Haus so aussehen wie auf den Interior-Mom-Blogs im Internet. Ich werde auch niemals selbst Hirse schroten und manchmal hoffe ich insgeheim, dass der Räuber Hotzenplotz mal keine Kaffeemühlen, sondern sieben Seiten des Kapitels klaut, das ich versprochen habe zu lesen. Dafür rede ich stundenlang mit meinen Kindern über ihre und meine Abenteuer, schmiede die ausgefeiltesten Urlaubspläne und gehe zu jeder Uhrzeit bewaffnet mit Anti-Ungeheuer-Spray zusammen

mit den Kindern auf Monstersuche im Kinderzimmer. Ehrensache. Jede Mama hat diese ganz
bestimmten Dinge, in denen sie aufgeht und die
sie richtig gut macht. Und jede Mama hat ganz
viele andere Dinge, die nebenherlaufen, und zwar
einigermaßen lieblos.

Dass das okay und sogar unumgänglich ist, hat
mir erstaunlicherweise eine Nonne beigebracht.
Wir saßen uns beim 60. Geburtstag meiner
Mutter in einer hippen Lüneburger Cocktailbar
gegenüber. Sie in ihrer schwarz-weißen Ordens-
kleidung, ich schwanger im neunten Monat mit
unserem dritten Kind, prall und rund wie ein Me-
dizinball. An alkoholfreien Cocktails mit nicht ganz
so jugendfreien Namen nippend, erzählten wir
uns von den Schönheiten, aber auch von den Ent-
behrungen und den Schwierigkeiten unserer so
unterschiedlichen Leben. An diesem Abend teilte
sie mit mir auch einen Gedanken, der mir noch
immer in meinem Leben als Mama hilft und mir
Ruhe schenkt, wenn ich an mir verzweifle, weil
ich wieder mal nicht alles perfekt hinkriege. Sie
erzählte mir, dass in ihrem Kloster jedes Mitglied
der Gemeinschaft im Grunde nur eine einzige
Aufgabe hat. EINE! Die eine Schwester kocht, die
nächste arbeitet im Garten, eine andere wäscht
die Wäsche für alle.

„Weißt du, ich habe so viel Zeit für diese eine
Aufgabe, dass ich sie mit all meiner Hingabe und

Liebe erledigen kann", erzählte sie mir. Und dann sagte sie etwas, was ich nie vergessen werde:

„WIE ELTERN ES SCHAFFEN, ALL DIESE AUFGABEN GLEICHZEITIG ZU ÜBERNEHMEN, DAS WEISS ICH NICHT. ICH HOFFE NUR, DASS SIE IHRE LIEBE UND HINGABE AN DER RICHTIGEN STELLE EINSETZEN."

Ganz genau weiß ich manchmal auch nicht, ob ich die richtigen Stellen immer finde. Vermutlich nicht. Aber es hilft ungemein gegen das schlechte Gewissen, sich immer wieder klarzumachen:

ALLES KÖNNEN WIR NICHT IN GROSSER LIEBE TUN. ES REICHT, WENN MANCHES IN LIEBE GESCHIEHT.

Ich darf

MEINEN
PLATZ

frei

wählen.

Schon mal vom All-seats-are-taken-Prinzip gehört? Es ist unglaublich logisch, aber wirkt doch meist eher im Verborgenen. Viele nutzen das Phänomen längst unbewusst, aber seine wahre Magie entfaltet es erst, wenn man es ganz und gar verstanden hat:

IN JEDEM SYSTEM BELEGT JEDER EINEN PLATZ!

Und wenn dieser Platz besetzt ist, sucht man sich einen anderen. Klingt total banal, war für mich aber eine DER Erkenntnisse des Jahrhunderts.

Ein Beispiel: In den meisten Familien mit mehreren Kindern gibt es das eine total angepasste, brave Kind und dann das andere, das eher ein Schlitzohr ist. Kommt dir bestimmt bekannt vor, oder? Es passiert einfach nicht, dass Geschwister haargenau gleich verantwortungsbewusst, höflich, sorgenvoll oder frech sind. Denn den Platz, der bereits belegt ist, sucht sich das zweite Kind klugerweise nicht aus.
Nach dem gleichen Prinzip agieren auch Erwachsene. In jeder Partnerschaft gibt es einen, der ordentlicher, organisierter, besser gelaunt oder gestresster ist. Der andere zieht in bestimmten Themen nicht mit. Und, Achtung: Vor allem, wenn einer von beiden zu Extremen neigt, tendiert der andere auch gerne mal zum anderen Extrem.

WARUM DAS SO IST? WIR SIND RUDELTIERE!

Und Rudeltiere wollen gemeinsam ein funktionierendes System bilden. Wenn ein Mitglied des Rudels total chaotisch ist, versuchen die anderen, das auszugleichen. Wenn ein Anführer fehlt, ernennt sich einer oder eine einfach selbst zum Boss. Ist einer besonders ängstlich, tendiert eine andere eher zur Risikofreude. So oder so – das System reguliert sich meist irgendwie selbst zu einer ausgewogenen Mischung. Mit der eigenen Persönlichkeit haben die verschiedenen Rollen dabei gar nicht immer etwas zu tun. Es kann zum Beispiel gut sein, dass du im Freundeskreis die Chaotische bist (weil Lara eh immer alles im Griff hat und dich an Geburtstage und Termine erinnert), zu Hause aber komplett organisiert sein musst (weil dein Schatz nicht mal an seinen eigenen Geburtstag denkt, geschweige denn daran, rechtzeitig die Mülltonnen rauszustellen).

DIE ALLERBESTE SACHE AM ALL-SEATS-ARE-TAKEN-PRINZIP IST ABER: Du kannst es hervorragend benutzen, um dein Leben stressfreier zu gestalten. Denn egal, von welchem Platz du aufstehst, irgendwer aus dem Familienkosmos wird sich früher oder später (möglicherweise grummelnd, aber das kann dir ja egal sein) draufsetzen.

Du kannst zum Beispiel den Kindern verkünden, dass dir ihre Hausaufgaben ab heute vollkommen gleichgültig sind und sie am Kinderzimmer-Schreibtisch ihr eigener Chef sein dürfen. Goodbye, Hausaufgabenkampf! Dein Kind wird die Verantwortung spätestens nach dem zehnten Anranzer der Lehrerin für nichtgemachte Aufgaben übernehmen. Bis dahin auszuhalten, ist die letzte Aufgabe, die dir in diesem Bereich je wieder zufallen wird.

Ganz egal, um was es geht – das Wissen um das All-seats-are-taken-Prinzip gibt dir Macht! Du kannst das System verändern! Das mag an mancher Stelle schwer sein und an anderer Stelle (oder mit einem anderem Kind) unmöglich – man muss ja realistisch bleiben. Aber ein klitzekleines bisschen bringt das Wissen um dieses Phänomen dir IMMER.

Versprochen!

ICH
MUSS NICHT
immer
gewinnen.

In jedem Erziehungsratgeber dieser Welt wird
vermutlich von Machtkämpfen abgeraten. In
jeder Familie dieser Welt gibt es sie trotzdem
ab und an. Denn selbst wenn du noch so viele
Bücher über gewaltfreie Kommunikation und
optimale Erziehung gelesen hast, am Ende kommt
doch jeder von uns zwischendurch mal an die
eigenen Grenzen und findet sich plötzlich in komplett unnötigen Kämpfen wieder.

Die eine zetert, der nächste schreit, Türen
knallen, Wutträren rollen ... DIE WAHRHEIT IST:
MACHTKÄMPFE KENNEN KEINEN GEWINNER.
Selbst wenn du bekommen hast, was du woll-
test, fühlst du dich mies hinterher, und deinem
Kind geht es genauso. Aber was tun, wenn du
schon mittendrin steckst in einer dieser Non-
sense-Schlachten, die gar keinen Sinn und noch
weniger Verstand haben? Weiterkämpfen? Erst
mal einfach irgendwie „durchsetzen", damit du
wenigstens Stärke bewiesen hast als Erziehungs-
berechtigte beziehungsweise Chefin im Haus?

Ich glaube, dass Zurückrudern die viel bessere
Alternative ist und kein Grund, dich zu schä-
men. Auch wenn Zähne nun mal geputzt
werden müssen, Jacken nicht auf den
Boden gehören und kein Kind auf den
Bildschirm glotzen sollte, bis die Augen
viereckig werden, kann man aus dem

Streit aussteigen. Egal, um was es geht, mit ein bisschen Kreativität findet sich doch fast immer eine Lösung oder zumindest eine Form der Kommunikation, die keinen der Beteiligten ernsthaft verletzt.

Schon klar, es ist nie einfach, zuzugeben, dass man auf dem Holzweg unterwegs war. Aber erstens finden sich solche Holzwege in vermutlich jedem Lebenslauf und zweitens ist das Einsehen des eigenen Fehlers in solchen Fällen die einzige Möglichkeit, glaubwürdig zu bleiben. Mehr noch: Ich bin fest überzeugt davon, dass man aus manchen Situationen sogar nur mit einer ehrlichen Entschuldigung gut rauskommt, was dann vermeintlich das Gegenteil vom Gewinnen wäre. Vermeintlich, weil es Kindern niemals ums Gewinnen geht. Es geht ihnen um Abgrenzung, um Eigenständigkeit oder schlicht und einfach darum, dieses blöde Eis zu essen, in Ruhe zu spielen oder die nächste Folge zu glotzen, koste es, was es wolle.

Mal müssen wir zum Wohl des Kindes oder zu unserem eigenen Wohl hart bleiben. Mal können wir einsehen, dass das Kind die besseren Argumente hat. In anderen Fragen finden wir vielleicht einen guten Kompromiss. ABER WAS

WIRKLICH IN JEDEM FALL GEHT: Wir können immer die Verantwortung dafür übernehmen, wie wir mit unserem Kind sprechen und gesprochen haben.

Machtkämpfe passieren, das kann man sich ruhig verzeihen. Aber sobald wir sie bemerken, sollten wir besser schleunigst dafür sorgen, dass alle unbeschadet aus ihnen herauskommen.

DAS BRICHT UNS KEINEN ZACKEN AUS DER MÜTTERLICHEN KRONE.

Der Erziehungsexperte und Familientherapeut Mathias Voelchert sagte mir während eines Interviews mal: „Die kleinen Kämpfe sind vollkommen egal. Kinder verzeihen dir jeden Sieg und jede Niederlage, wenn du sie nicht verletzt, sondern nur frustrierst. Am Ende geht es nur um eine einzige Sache: DASS SICH ALLE GELIEBT FÜHLEN. Und das hat mit dem Kämpfen, dem Siegen und dem Verlieren rein gar nichts zu tun."

Jetzt
NICHT.
UND SPÄTER
NUR
vielleicht.

Was haben Mütter und Topmanager gemeinsam? Leider nicht den Kontostand, ansonsten ehrlich gesagt so ziemlich alles. Sie haben spät bis nie Feierabend, tragen eine riesige Verantwortung und müssen jeden Tag unfassbar viele Entscheidungen treffen. Wenn der Topmanager es vergeigt, kann er allerdings den Arbeitgeber wechseln und bekommt im besten Fall trotz aller Fehltritte noch eine saftige Abfindung. Wenn man es als Mutter vergeigt, hängt da leider etwas mehr dran, eine Abfindung gibt es nicht und Aufgeben ist sowieso keine Option.

Warum also nicht mal schauen, wie die Oberbosse sich ihr Leben erleichtern?

EINE DER OBERSTEN REGELN GUTER MITARBEITERFÜHRUNG: Keine übereilten Entscheidungen treffen! Du bestimmst, wann du bereit bist, einen Beschluss zu verkünden.

Kann man also nicht auch als Mama erst mal eine Nacht über eine Frage des Kindes schlafen oder wenigstens um zehn Minuten Bedenkzeit bitten? Ja, man kann! Im Grunde muss man das in manchen Fällen sogar tun, wenn man seine Kinder wirklich mit dem gleichen Respekt behandeln möchte wie jeden anderen Menschen auch. Es gibt nun mal Dinge, die eine gewisse Bedenkzeit erfordern. Möglicherweise ist die Enttäuschung nach einer späten Ablehnung ihrer Anfrage am Ende noch größer, weil es länger Zeit zum Hoffen auf ein Ja gab. Aber Kinder fühlen, wenn man ihre Anliegen ernsthaft durchdenkt, und akzeptieren ein überlegtes Nein viel eher als eines, das man gestresst aus der Hüfte schießt.

WO WIR GERADE DABEI SIND: Unterschätze nie das Verhandlungsgeschick deiner Sprösslinge! Wenn du da nicht voll bei der Sache bist, kommst du nicht weit. Sie drängeln, bauen in Sekundenschnelle Druck auf und schießen dir 20 Fragen entgegen, bis du schließlich entnervt nachgibst und auf irgendetwas mit Ja antwortest, damit du nicht auf ganzer Linie die „Allergemeinste" bist. Solltest du dann doch mal vollkommen unterperformen im Ja-Sagen, scheuen sie sich nicht mal, mit Auszug oder ewigwährender Freundschaftskündigung zu drohen. Auch ein Klassiker: die Papa-mag-ich-jetzt-lieber-als-dich-Nummer.

Eine Freundin von mir hat mit sechs Jahren nach einem Nein ihrer Mutter mal ihren Vater im Büro angerufen und ihm mitgeteilt, er müsse sich von dieser UNMÖGLICHEN FRAU trennen. SOFORT!

Gegen diese Eskalationskompetenz, der du wahrscheinlich (und hoffentlich) unterlegen bist, hilft dann manchmal wirklich nur noch ein von Herzen kommendes „JETZT NICHT! UND SPÄTER NUR VIELLEICHT."

Nicht, dass du damit der Wut deiner Brut entkommen würdest. Oh nein! Aber du denkst wenigstens mit einem freien Kopf über ihr Anliegen nach, fühlst dich allein deshalb schon selbst viel fairer und hast außerdem ein paar Minuten Zeit, um dich mit Schokolade nervlich auf den ganz großen Showdown vorzubereiten, falls deine Antwort lautet: „NEIN! UND SPÄTER GANZ SICHER AUCH NICHT!"

Zitate,
DIE DIR ZEIGEN, DASS DU NICHT ALLEIN BIST

Julia Roberts, US-amerikanische Schauspielerin

„Kinder sind eine ungeheure Verpflichtung. Für 24 Stunden am Tag, sieben Tage die Woche. Das ist nicht so, als ob du ein Auto kaufst."

Michelle Obama, US-amerikanische Rechtsanwältin und Autorin

„Und bis du Kinder hast, weißt du nicht, wie diese Kinder dein Herz in Besitz nehmen und deine Entscheidungen beeinflussen."

Sarah Connor, deutsche Sängerin

„Ich habe neben meiner Rolle als Mutter auch meinen eigenen Kosmos. Ich bin glücklich, auch wenn ich nach anstrengenden Tagen mal einen Schauer heule, weil mir alles zu viel wird. Das gehört dazu."

Pink, US-amerikanische Sängerin

„Jep, meine Kinder fahren Fahrrad im Haus. Ohne Kleidung. Und ohne Helme. Während ich sie ignoriere und auf mein Handy starre."

Katy Perry, US-amerikanische Sängerin

„Wenn eine Mutter schließlich wieder zur Arbeit geht (in was für einem Beruf auch immer), dann kommt sie nicht aus einer monatelangen „Auszeit" zurück, sondern aus einem Vollzeitjob - als Mutter."

Jennifer Garner, US-amerikanische Schauspielerin

„Wusstest du, dass, wenn du einmal Kinder hast, du dann nie wieder alleine pinkeln gehen wirst? Eins von ihnen ist garantiert immer bei dir."

Peter Gallagher, US-amerikanischer Schauspieler

„Ehe man Kinder hat, eigene Kinder hat, hat man nicht die leiseste Vorstellung davon, welches Ausmaß die eigene Stärke, Liebe oder Erschöpfung annehmen kann."

JEDER MACHT
hier nur
SEINEN
JOB.
IST
okay so.

Eine typische Unterhaltung zwischen Müttern:

„Na, alles klar?"
„Ja, sicher, der ganz normale Wahnsinn halt!"
„Jaja, bei uns auch!"

HÖRT SICH NÄMLICH BESSER AN ALS:

„Na, alles klar?"
„Ja – na ja, ich wurde heute Morgen bloß mal
wieder als allerschlimmste Mutter der Welt be-
titelt, weil ich mich geweigert habe, entgegen
der Schulordnung Nutella aufs Schulbrot zu
schmieren, wie Oles Mama das macht. Dann hat
mich meine Zweijährige gehauen, als ich ihr nicht
erlaubt habe, im Dezember barfuß in die Kita zu
laufen, und ich habe das Kind schließlich schrei-
end und ohne Schuhe im Kinderwagen in der
Igelgruppe abgeliefert, um es pünktlich zur Arbeit
zu schaffen."

„Oh, verstehe. Mir wurde heute Morgen drei Mal
die Tür vor der Nase zugeknallt, weil ich meine
Vierzehnjährige nach einer Stunde Duschen
darauf hingewiesen habe, dass auch
noch andere ins Bad müssen und
der Planet so in spätestens 30
Minuten keine Meere mehr
hat. Mein Outfit wurde

anschließend mit einem „Dein Ernst?" quittiert und meine Frage nach dem Datum der nächsten Mathearbeit hat mir nur ein Augenrollen einge-bracht."

DIE WAHRHEIT IST: Der sogenannte „ganz nor-male Wahnsinn" ist mitunter viel aufreibender und schwerer zu verkraften, als wir das nach außen raushängen lassen. Alltag mit Kindern kann manchmal richtig wehtun. Weil man echt üble Sachen gesagt bekommt und weil man sich selbst in der eigenen Rolle manchmal nicht besonders gut leiden kann.

Was in solchen Momenten wirklich hilft, ist der Gedanke: Jeder macht hier nur seinen Job!

Mit zwei Jahren begreift ein Kind langsam, dass es einen eigenen Willen haben und den auch durchsetzen kann. Über Außentemperaturen und den Zusammenhang zwischen Jahreszeiten und Kleidung weiß es aber leider noch nicht viel. Ler-nen, sich durchzusetzen, ist trotzdem die wich-tigste Aufgabe deines Kleinkindes.
Ganz anders sieht es bei dir aus: Deine Aufgabe ist es, das Kind vor Schaden und somit auch vor erfrorenen Zehen zu schützen. Außerdem musst du nicht nur pünktlich in deiner Arbeitsstelle er-scheinen, sondern solltest deinem älteren Kind gegenüber auch noch deine Rolle als moralisches

Vorbild erfüllen, von dem es lernt: Selbst wenn ich Lust auf etwas wie Nutella habe, gibt es offensichtlich trotzdem triftige Gründe, sich an Regeln zu halten, die das verbieten.

Mit einem Teenie im Haus musst du also Reibungsfläche bieten und zu deinen Werten wie Rücksichtnahme und Pflichtbewusstsein stehen. Dein Teenager wiederum hat die Aufgabe, sich abzugrenzen und dich ein bisschen doof zu finden. Das gehört zur Teenie-Jobbeschreibung noch immer genauso dazu wie vor 20 Jahren. Irgendwann ist das dann vorbei und dein Outfit ist wieder in Ordnung. Vielleicht.

Bis dahin hilft nur das Mantra:

JEDER MACHT HIER NUR SEINEN JOB. IST OKAY SO.

Auch wenn sich der „ganz normale Wahnsinn" manchmal echt kein bisschen normal anfühlt.

THE PERSON YOU HAVE CALLED IS TEMPORARILY

not

AVAILABLE.

Schon wenn du werdende Mama bist, fängt es an: Du spürst genau in dich hinein, ob die Kindsbewegungen normal sind, streichelst andächtig über deinen Bauch und machst dir über jedes Ziepen Gedanken.

WENN DAS KIND DANN DA IST, GEHT ES ERST SO RICHTIG LOS:

Während sich die meisten Männer erwiesenermaßen von Babygeschrei beim Schlafen noch weniger stören lassen als vom Summen einer Mücke (leider kein Klischee, sondern einer britischen Studie zufolge Fakt), bist du hormonell voll auf Empfang gepolt. Jedes unnormale Geräusch, jedes Aufseufzen und jeder nächtliche Bett-Purzelbaum lässt dich aufhorchen, auch wenn dein Kind bestens geschützt im supersicheren Gitterbettchen liegt und eure Haustür bombenfest verschlossen ist. Biologisch stecken wir noch in einer Zeit fest, in der jedes Geräusch auch von einem Säbelzahntiger hätte stammen können und der Purzelbaum auch mal in Richtung Steilhang gemacht wurde, ganz ohne Gitter. Wie sollen deine Hormone auch ahnen, dass es hier und heute gar nicht mehr so gefährlich ist auf der Welt wie früher?

Steile Treppen, verschluck-
bare Playmobil-Teilchen oder
ominöse TikTok-Bekanntschaften
sind möglicherweise auch nicht viel
besser als Raubkatzen. Dass wir heute noch
voll auf Empfang sind, ist also vielleicht doch gar
nicht mal so schlecht eingerichtet von der Natur.
Aber es ist viel zu anstrengend auf Dauer und für
eine einzelne Person auch schlicht und ergreifend
zu aufreibend. Denn früher, in der Säbelzahntiger-
zeit, da waren wir noch in großen Sippen unterwegs. Da hat nicht ein Paar alleine ständig Schicht
gehabt, wie es heutzutage üblich ist. Von der
Situation Alleinerziehender ganz zu schweigen …

Deshalb ist es so unglaublich wichtig, zwischendurch mal die innere Antenne abzuschalten und
eine kurze Pause von der Dauerbereitschaft zu
machen. Zum Beispiel dann, wenn gerade keine
Gefahr droht, wenn die Kinder groß genug sind
oder wenn Oma, Opa oder der Papa der Kleinen
zuständig sind.

Mütter tendieren dazu, sich selbst auch dann
noch voll in der Verantwortung zu sehen, wenn
ein anderer eigentlich gerade übernommen hat.
Ja, man darf (und sollte dringend) ins Yoga gehen, wenn das Baby bei Papa nur heult. Wie

sollen Papa und Kind sonst als Team zusammenwachsen? Und bitte, man darf ja wohl mal ohne Handy sein Haus verlassen, wenn ein anderer Erwachsener für den Nachwuchs da ist. Der wird das Kind (oder die Kinder) schon schaukeln, hab Vertrauen. Man darf auch Diskussionen verlassen, wenn man gerade echt keinen Bock darauf hat. Wer sollte es dir auch verbieten, wenn du es dir erlaubst?

UM ES KURZ ZU MACHEN: Jede Mama hat das Recht, ihre mentale und emotionale Erreichbarkeit zwischendurch einfach mal nicht zu garantieren. Immer erreichbar zu sein, das macht krank. Ein ausgeschaltetes Handy schont und nährt auch den inneren Mama-Akku. UND HAND AUFS HERZ: Von einer Mama voller Energie haben am Ende doch alle etwas.

Mein
GEDÄCHTNIS
ist wie
Instagram.

Instagram ist ja schon ein bisschen in Verruf geraten. Pfui Teufel, immer diese ominöse Pseudoperfektion, abgemagerte Models, haargenau richtige Aufnahmewinkel und der eine perfekte Bildausschnitt mit 20 Weichzeichner-Antidellen-Filtern darüber. Ist fragwürdig, stimmt schon. Aber eigentlich macht Instagram etwas, was gar nicht mal so verkehrt ist: Es konzentriert sich auf das Gute, lässt alles im allerbesten Licht erstrahlen und vergisst einfach all die anderen Momente, den Schatten und den stinkigen Müllhaufen außerhalb des Bildes. Und zack, reduziert sich ein mittelmäßiger Strandtag mit den Kindern auf ein Wir-haben-uns-alle-soooo-lieb-und-hüpfen-lachend-gemeinsam-über-eine-Welle-Bild, gekennzeichnet mit den Hashtags #familytime, #loveyousomuch und #bestdayever.

Natürlich besteht das Leben nicht nur aus perfekten Hüpfwellen, und das ist auch okay. Strandtage mit Kindern – nur um bei unserem Beispiel zu bleiben – sind in Wirklichkeit immer sehr viel anstrengender, als man sich das vorher ausmalt. Das eine Kind hat dem anderen mit dem

37

Handtuch Sand in die Augen gewedelt, das Mineralwasser ist spätestens zwei Stunden nach Ankunft lauwarm, der Weg zum Strand ist den Kleinen viiiiel zu lang, die Wassermelone paniert sich immer von selbst, die schattenspendende Strandmuschel ist verboten, der Strandkorb unverschämt teuer, die Möwen klauen das gerade gekaufte Eis, und wenn es gerade doch ein bisschen entspannter wird, schreit ein Kind garantiert hysterisch „FEUERQUALLE!!!!!" oder „Ich muss Kacka!". Wer kennt das nicht?

Und als wäre das nicht schon genug des Guten, schütten die lieben Kleinen nach dem Strandtag in jede Ritze deines Autos Sand, du musst gefühlt 20 Handtücher waschen, keiner hängt von selbst seine Badeklamotten auf die Leine und abends gibt es dann auch noch Beschwerden über diesen „richtig blöden Tag", nur weil du die hässliche Kuschelmöwe im Souvenirshop nicht gekauft hast. UFF!

Fakt ist aber auch – und das ist, wenn du Instagram fragst, viel wichtiger als all die anstrengenden Momente –, dass da dieser eine perfekte Wellenmoment war. Da waren leuchtende Kinderaugen. Für ein paar kurze Sekunden war da sogar ein leckeres Eis in der Kinderhand, zumindest kurz bevor die Möwe zum Sturzflug

ansetzte. Und da war vor allem diese eine heilige Minute, in der du die Augen geschlossen und den salzig-warmen Sommerwind auf deiner Haut gespürt und geliebt hast.

SEI INSTAGRAM. SPEICHERE NUR DAS.

Es ist vielleicht nicht ganz ehrlich, aber es ist viel schöner und viel gesünder, als sich zu ärgern. Es sieht bei den anderen nämlich nur so aus, als ob alles besser wäre. Vergiss nicht, dass du von außen immer nur Momentaufnahmen siehst, während du in deiner eigenen Familie auch all die Outtakes mitbekommst, die ein Regisseur aus jedem Film rausschneiden würde. Und ja, die können tierisch nerven. Aber sie sind nicht das, was bleibt, wenn du das nicht möchtest. Du selbst bist der Regisseur. Du schneidest deinen Film und du entscheidest, welche Hashtags in deinem Leben und deiner Erinnerung die Hauptrolle spielen. Ich jedenfalls empfehle für Strandtage zum Beispiel diese drei:

#dieperfektewelle #qualitytime #möwengibtshiernicht

Die
Stewardess
in mir sagt:

ERST
ICH.

Dann ihr.

„Im unwahrscheinlichen Fall eines Druckver-
lustes fallen automatisch Sauerstoffmasken aus
der Kabinendecke. Ziehen Sie die Maske ganz zu
sich heran und drücken Sie sie fest auf Mund und
Nase. Helfen Sie danach Kindern und hilfsbedürf-
tigen Menschen."

Diesen Satz, der zu Beginn jedes Fluges verkün-
det wird, hat jede von uns – mehr oder weniger
bewusst – sicherlich schon oft gehört.

DRUCKVERLUST GIBT ES SELTEN IM FLUGZEUG,
ABER NOCH SELTENER FÜR MÜTTER. Meistens ist
der Druck, irgendwie alles unter einen Hut bringen zu müssen, jeden Tag gleich hoch. Verdammt
hoch. Pro Kind wird man ungefragt in fünf
WhatsApp-Gruppen und auf mindestens genauso
viele Weihnachtsfeiern eingeladen. Hinzu kommen
Arzttermine, Elternsprechtage, Aufführungen, Tur-
niere, Kindergeburtstage, Verabredungen, halb-
freiwillige Ehrenämter, diverse Zettel und Mails
aus Schule oder Kita und ... und ... und
... Diese Liste könnte ich jetzt noch
viele Zeilen weiterführen, aber ich
breche hier aus Platzgründen
einfach mal ab.

So gern wir ganz viele Dinge
von dieser langen Liste auch

tun, in Summe kommt manchmal ein bisschen zu viel zusammen. Zumal man ja auch noch ein eigenes Leben hat.

Wenn bei mir der Druck zu hoch wird, dann denke ich oft an die Stewards und Stewardessen, die mir im Flugzeug dringend raten, zunächst mir selbst die Maske aufzuziehen und dann erst den anderen zu helfen. Das klingt auf den ersten Blick komplett egoistisch, ist aber bei genauerem Hinsehen exakt das Gegenteil. Denn es bringt ja keinem etwas, wenn ich zusammenklappe und dann niemandem mehr helfen kann.

Wenn ich an stressigen Tagen mal wieder zwischen zwei Onlinemeetings ein ungesundes Mittagessen verschlinge oder abends erst merke, dass ich gefühlt keine Minute für mich hatte, dann muss ich manchmal an meinen früheren Chef denken. Von dem habe ich an einem meiner ersten Ausbildungstage bei einer großen Fernsehproduktion den Anranzer meines Lebens kassiert. Und zwar nicht für schlechte Arbeit oder einen Fehler, den ich in meinem Job machte, sondern dafür, dass ich an einem besonders stressigen Tag keine Mittagspause gemacht hatte.

„Wie soll ich dir irgendeine Verantwortung übertragen, wenn du nicht mal welche für dich übernimmst?", hat er mir wutentbrannt entgegengeschleudert.
Und auch wenn seine Wut mich echt erschreckt hat: Das war eine wirklich wichtige Lektion. Er und die Flugzeugcrew haben recht. Man darf und man muss sogar an sich selbst denken. Insbesondere dann, wenn die Situation es eigentlich nicht herzugeben scheint.

Meine persönliche Maske (die ich mir dummerweise im echten Leben selbst reichen muss, weil sie leider nicht von der Decke fällt) finde ich zum Beispiel im Schwimmbad, in komplett selbstbestimmten Momenten oder auch in einem Netflix-Kuschel-Date mit meinem Mann auf unserem Sofa.

All diese Dinge gönne ich mir selbst dann, wenn die Welt um mich herum zusammenzubrechen scheint.

ERST ICH. DANN IHR.
DAS SAGT DIE STEWARDESS IN MIR.

Wie ist das bei dir? Was ist deine Maske, wenn dir der Druck zu hoch ist?

JEDER MEINER FEHLER
IST EIGENTLICH

HOHE
Pädagogik.

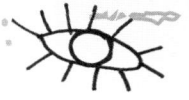

KINDERERZIEHUNG IST MANCHMAL KEINE SO GANZ EINFACHE SACHE.

Wir wollen gut aufpassen, aber nicht helikoptern, wir wollen helfen, aber keine Rasenmähereltern sein, die ihren Kindern alle Schwierigkeiten aus dem Weg mähen. Wir wollen eine gute Beziehung, aber auch klare Kante zeigen. Irgendwo zwischen all diesen Polen balancieren wir auf einem sehr schmalen Grat und hoffen, dass wir nicht allzu viel falsch machen.

Der berühmte dänische Familientherapeut Jesper Juul sagte einmal, die besten Eltern, die er kenne, machten etwa 20 Fehler am Tag und das sei auch gut so. Seine Meinung zu dem Thema: Kinder brauchen ganz sicher keine fehlerfreien Eltern. Das ist ein bisschen beruhigend, oder?

Auch beruhigend finde ich die Tatsache, dass man die Dinge aus unterschiedlichen Winkeln betrachten kann. Es gibt für alle elterlichen Versäumnisse oder Überreaktionen auch mindestens eine Erklärung, die sich besser anfühlt als der Gedanke, versagt zu haben.

Vielleicht hast du dein Kind nur deshalb durch den strömenden Regen laufen lassen, weil du

45

kein „Iiiiiih-ein-Tropfen"-Etepetete-Kind erziehen möchtest, und nicht etwa, weil du die dicken Wolken nicht rechtzeitig gesehen hast. Dein „Du-nervst-mich-echt-gerade"-Ausraster war einfach nur authentisch und deshalb kein Drama. Das Nein zum Eis mag wenig durchdacht und eher ein Ausdruck deiner Laune gewesen sein, aber wenigstens war es eine klare Ansage und außerdem essen die Kinder sowieso zu viel Zucker.

Fast alles lässt sich auch aus einem anderen Blickwinkel betrachten. Wer Kinder erzieht, hat den Job, Menschen auf das wahre Leben vorzubereiten. Und im wahren Leben gibt es nicht nur Zuckerguss, Streicheleinheiten und perfekte Mitmenschen. Da gibt es auch Streit, Ungerechtigkeiten und total sinnlose Entscheidungen.

BLEIB FAIR ZU DIR. Du darfst deinen Kindern gegenüber das Leben in all seinen Facetten abbilden und dazu gehören auch die weniger schönen, denn in so vielen anderen Momenten bist du dafür herzensgut, voller Wärme, Mitgefühl und überschäumender Liebe.

DIE EINE WAHR-HEIT IST:		DIE ANDERE WAHRHEIT IST:
Du hast keine Lust, die Hausaufgaben zu kontrollieren.		Du vertraust deinen Kindern voll und ganz.
Kuchenbasar nervt, da machst du nicht mit.		So lernen die Kinder, Nein zu sagen.
Die Kinder strei-ten, du ignorierst es aus Faulheit.		Die klären das alleine am besten und fairsten.
Ihr streitet vor den Kindern. Doof irgendwie.		Ihr lebt eine echte Beziehung vor und zeigt, wie man Probleme löst.
Das Kind sitzt zu oft vor dem Tablet.		Das Kind soll Selbstregulierung üben. Dauert halt ein bisschen.
Euer Alltag ist echt chaotisch.		Die Kinder lernen, mit Unvorher-sehbarem klar-zukommen.
Du arbeitest zu viel und hast ein schlechtes Gewissen.		Es ist wichtig, dass die Kinder sehen: Geld fällt nicht vom Himmel.
Du bist manchmal eine eher faule Mama.		Du erziehst sehr selbststän-dige Kinder.

ICH MUSS NICHT *jeden Ball* annehmen.

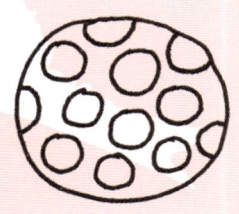

DIE GRÖSSTE MAMA-FALLE MIT STRESSGARANTIE: Jeden Ball annehmen, der einem vor die Füße rollt. Denn um ehrlich zu sein, es rollen einem verdammt viele Bälle vor die Füße, wenn man Mama ist. Diese Bälle können To-dos, Verantwortlichkeiten, Verabredungen und so vieles mehr sein. Nun mag man die gern genutzte „Alles-hängt-eben-an-Mama"-Keule auspacken, aber ich bin mir mittlerweile sicher, dass Mütter sich diese Rolle oft auch einfach selbst aussuchen.

ES IST NÄMLICH SO: Wenn man sich grundsätzlich als der Cristiano Ronaldo der gesamten Familie aufspielt, wird einem logischerweise auch jeder Ball zugepasst. Ist ja auch verständlich, schließlich locht Ronaldo alles zuverlässig ein.

Die Bälle einfach abzugeben, anstatt wieder mal den Weg zum Tor anzutreten, klingt allerdings einfacher, als es ist. Vor allem, wenn sich alle schon daran gewöhnt haben, dass du der Game-Changer im Feld bist und der Rest der Familie sich entsprechend ungeschickt anstellt. Deine Angehörigen haben ja auch nicht allzu viel Übung darin, die Dinge selbst zu übernehmen oder zu klären, wenn das bisher immer du geregelt hast. Und trotzdem ist es möglich, die Entscheidung zu treffen, nicht alles zu übernehmen (oder an sich zu reißen). Auch wenn das am Anfang ganz schön viel Überwindung kostet und vor allem bedingt, dass man die anderen es dann auch so machen lässt, wie sie es für richtig halten.

Als ich anfing, ein paar Bälle abzugeben, war das teilweise ein ganz schönes Durcheinander in der Familie. Es macht mitunter etwas fassungslos, was sich Kinder in die Brotbox packen, wenn sie dafür selbst verantwortlich sind. Auch der Kleidungsstil des Babys wurde bei uns interessant, als ich die Besorgung der nächsten Größe in die Hände meines Mannes gab.

Doch nicht alles war immer nur lustig. Am Ende fielen mir viele falsch gespielte Bälle doch wieder zu und das dann auch noch in den unmöglichsten Momenten. Der Anruf von der Kita zum Beispiel, dass die Wechselwäsche, die mein Mann dort vor Monaten deponiert hatte, zwei Nummern zu klein sei, das Kind aber komplett nass.

Was mir in solchen Situationen oft geholfen hat, war die Frage: „Was würde ein mittelmäßig gut gelaunter 0815-Vater tun, der sich gut abgrenzen kann?" Ich holte also tief Luft und sagte

etwas, was mich die Überwindung meines Lebens kostete: „Keine Ahnung, was da schiefgelaufen ist. Bitte rufen Sie meinen Mann zu diesem Thema an."

Seitdem bin ich manchmal Ronaldo und manchmal dieser andere kluge und mittelmäßig gelaunte Kerl, der keinen Bock auf den Run aufs Tor hat. Aber letzten Endes tut es allen gut, wenn die Aufgaben einer Familie auf mehr Schultern verteilt sind als nur auf deinen. SO BEKOMMT JEDER MEHR KOMPETENZ UND DU MEHR RUHE.

Die Wechselwäsche hat bei uns jetzt jedenfalls immer die richtige Größe. Wie das Kind dann aussieht, wenn man es im Wechselklamotten-look abholt, steht auf einem ganz anderen Blatt. Mein Mann jedenfalls findet es todschick und das ist die Hauptsache. Denn das Thema Wechselwäsche geht mich zum Glück rein gar nichts mehr an.

Neun Fakten

ÜBERS MAMASEIN, DIE DICH SOFORT STOLZ MACHEN

You´ve got the power!

Wir können unseren Kindern Empathie beibringen! Forscher der spanischen Universität Jaume I in Castellón de la Plana fanden heraus: Wenn Eltern häufig Verben wie „denken", „fühlen", „erinnern" oder „glauben" benutzen, wirkt sich das messbar positiv auf die Empathiefähigkeit des Nachwuchses aus.

Achtung, du lebst gefährlich!

Für das Onlinemagazin Buzzfeed hat ein Journalist einmal als Selbstexperiment nur fünf Stunden täglich geschlafen. Das Experiment wurde unter anderem auf ärztlichen Rat hin abgebrochen. Zu gefährlich. Kein Scherz! Frischgebackene Mütter leben also quasi ein Leben am Abgrund. Hilfeeee!

Mama hat Köpfchen

Normalerweise wächst das Gehirn erwachsener Menschen nicht mehr sonderlich. Doch laut US-Studien nimmt die Hirnmasse bei Müttern nach der Geburt enorm zu. Es wachsen vor allem Hirnareale, die mit mütterlicher Sorge, Hingabe und mit Problemlösung in Zusammenhang gebracht werden. Und plötzlich fühlen sich die Babypfunde gar nicht mehr so schlecht an ...

Deine Liebe macht deine Kinder stark

Wissenschaftler der US-amerikanischen Duke University haben herausgefunden, dass Kinder, die von ihren Müttern sehr geliebt werden, mit allen Arten von Leid deutlich besser umgehen können. Vor allem mit Ängsten kommen Kinder liebevoller Mütter besser klar als Kinder, deren Mütter weniger deutlich ihre Zuneigung zeigten. Also keine Angst vor zu viel Hätschelei. All deine Liebe tut gut!

Hauptsache, woanders klappt es

Du findest deine Kinder manchmal furchtbar anstrengend? Kein Wunder! Laut einer Studie der Universität Bielefeld benehmen sich Kinder im Beisein der Mutter grundsätzlich viel schlechter als in ihrer Abwesenheit. Die Studie wäre nicht nötig gewesen. Wissen wir.

Mama – der krasseste Job der Welt

Wir haben es immer geahnt: Mama zu sein ist so anstrengend wie 2,5 Vollzeitjobs. Mütter arbeiten nämlich im Schnitt etwa 98 Stunden die Woche. Das besagt eine Studie der amerikanischen Saftmarke Welchs.

Mein Herz schlägt wie deins

Babys synchronisieren laut einer israelischen Studie ihren Herzschlag mit dem der Mutter. Zwar schlägt das Herz eines Babys generell schneller als das von Erwachsenen, aber es fallen weit mehr Schläge zusammen mit dem Herz der Mutter als mit dem Herz eines Fremden. Und das völlig unabhängig davon, ob das Baby den Herzschlag hört oder nicht. Klingt nach Magie, ist aber Wissenschaft.

Mama-Kind bis zum Cousin zehnten Grades

Kinder bevorzugen laut wissenschaftlicher Studien meist die Verwandtschaft mütterlicherseits. Forscher der University of Texas in Austin fanden heraus, dass die meisten Kinder eher ihren Cousins und Cousinen mütterlicherseits helfen würden und erst dann den Kindern der Geschwister des Vaters. Au weia!

Schlechtes Gewissen für Working Moms: Goodbye!

Laut Harvard-Forschern steigern berufstätige Mütter bei Söhnen die Empathie, bei Töchtern den Verdienst und bei allen Kindern das Gefühl für Geschlechtergerechtigkeit. Yeah! Übrigens kein Grund, ein schlechtes Gewissen zu haben, wenn man NICHT berufstätig ist, denn wie wir wissen, ist Mutterschaft allein schon 2,5 Jobs wert.

ICH BIN GUT.

Ich bin klug.

ICH BIN WICHTIG.

Als meine erste Tochter noch ganz klein war, las ich das wunderbare Buch „The Help" von Kathryn Stockett. Dort sagt ein Kindermädchen zu dem von ihm betreuten Kind immer wieder: „YOU IS KIND. YOU IS SMART. YOU IS IMPORTANT" und drückt dabei fest die Handflächen des kleinen Mädchens. Irgendwann reicht dieser einfache Druck auf die Hand ganz ohne Worte aus, um das Kind daran zu erinnern, wie wertvoll es ist.

Ich fand das so schön, dass ich damit anfing, meiner Tochter dasselbe zu sagen. Mit dieser Einstellung sich selbst gegenüber wollte ich sie gern ins Leben schicken. Sie sollte diese Worte niemals vergessen. Noch heute antwortet sie mir: „GUT, KLUG UND WICHTIG!", wenn sie Selbstzweifel hat und ich sie frage: „Was bist du, mein Schatz?"

Es ist fast schon ein bisschen lustig, dass sie mir mit der Verinnerlichung dieser Worte weit voraus war. Ich weiß das, weil eines Tages etwas wirklich Wunderschönes passiert ist. Ich war traurig, voller Sorge und es gab wirklich gute Gründe, mich mies zu fühlen. Anstatt mich zurückzuziehen, wie es sinnvoll gewesen wäre, holte ich zum Rundumschlag aus und teilte um mich herum Verbalklatschen aus, die natürlich keiner verdient hatte.

Meine Kleine, die mittlerweile schon neun Jahre alt war, schaute mich erst leicht entsetzt an, doch dann setzte sie sich auf einmal zu mir, drückte meine Hand und sagte leise: „MAMA, DU BIST GUT, DU BIST KLUG UND DU BIST WICHTIG!"

Erst habe ich mich etwas geschämt, dass ich als Mutter offensichtlich einen so hilflosen Eindruck auf sie machte und dass sie so lieb zu mir war, obwohl ich mich wie eine schlimme Furie benommen hatte. Doch dann wurde ich auch ein bisschen stolz auf uns beide. Ich hatte meiner Tochter beigebracht, sich und andere in schwachen Momenten an die eigene Größe und den eigenen Wert zu erinnern. Sie hatte verinnerlicht, dass Menschen genau dann die Liebe am nötigsten haben, wenn sie sich besonders scheußlich aufführen.

Und sie hatte mir beigebracht, dass Mamas nicht nur den Kindern Liebe geben sollten, sondern auch sich selbst. Denn immer wird mein Kind mich nicht daran erinnern können, mich selbst zu lieben und mir meine eigenen Abgründe zu erlauben. Das soll es auch gar nicht. Eigentlich ist es

gar nicht so schwer, selbst daran zu denken. Denn wundersamerweise schaffen wir es ja meist, gütig und nachsichtig mit den Menschen in unserem Umfeld umzugehen. Es scheint also eigentlich in unserer menschlichen DNA zu stecken, wohlwollend zu sein.
Dass es uns manchmal nicht in den Sinn kommt, ein paar freundliche Worte und Gedanken für uns selbst übrig zu haben, liegt wahrscheinlich einfach an mangelnder Übung und daran, dass unsere innere Stimme mit dem Alter teilweise ganz schön schrill und gemein geworden ist. Dabei war sie mal echt nett. Ganz früher, da waren wir doch so was von stolz auf uns, wenn wir etwas gut gemacht haben. Und wenn wir etwas noch nicht konnten, haben wir einfach weiter geübt.

Also fragen wir ab und an vielleicht am besten unser inneres Kind, was wir sind, wenn unser erwachsenes Ich es gerade kurz vergessen hat. Im besten Fall weiß es Bescheid und antwortet: „GUT UND KLUG UND WICHTIG!"

Jeder
ÄRGER
IST EIN
geschenk.

MEINE OMA HILDE SAGT IMMER:
„Wer sich ärgert, büßt für die
Sünden der anderen!" Und Buße für
andere zu tun, das muss man sich
echt gut überlegen. Wenn man es
trotzdem tut, dann hält man es zumindest besser kurz und zieht noch etwas Gutes für
sich daraus. Im eigenen Ärger und Selbstmitleid
zu versinken, ist zwar manchmal auch ganz schön
und bequem, aber letzten Endes schadet man
damit doch am meisten sich selbst. Wissen wir
alle. Viel klüger ist zum Beispiel, ein dreiminütiges
Rammsteinlied oder fiesen Teenie-Rap mit grenz-
wertiger Wortwahl auf voller Lautstärke zu hören.
Danach ist man wieder etwas friedlicher drauf und
kann sehen, was der Ärger eigentlich war: ein Geschenk, nämlich ein Wink mit dem Zaunpfahl, sich
klarzumachen, was man gerade wirklich dringend
braucht.

WER ES ETWAS TIEFGRÜNDIGER ANGEHEN WILL:
Die amerikanische Bestsellerautorin Byron Katie
schwört auf eine bestimmte Methode, die sich
„THE WORK" nennt und auch beim Umgang mit
Wut helfen kann.
Wenn man das sinnvolle Ärgern so richtig profes-
sionell machen will, muss man laut der Autorin
drei Schritte durchgehen:

Formuliere deinen Vorwurf in einem Satz. Spare nicht an Wut, lass es so richtig raus, völlig unzensiert.

Stelle dir danach zu deinem Satz folgende vier Fragen:

1. IST DAS WAHR?
2. KANNST DU MIT ABSOLUTER SICHERHEIT SAGEN, DASS DAS WAHR IST?
3. WAS PASSIERT, WENN DU DIESEM GEDANKEN GLAUBST?
4. WER WÄRST DU OHNE DIESEN GEDANKEN?

Absolute Profis kehren das Ganze jetzt noch um. Das macht man, indem man zum Beispiel bewusst das Gegenteil denkt oder sich selbst anstelle des Namens des jeweils anderen setzt. So soll man erkennen, dass eigentlich alles, was man anderen ankreidet, mit einem selbst zu tun hat. Oder ein guter Indikator ist für das, was man braucht und sich auch selbst geben könnte.

EIN BEISPIEL: Du willst, dass dein Kind ins Bett geht, hast es schon zwanzigmal gesagt und bekommst nach einem gebrummelten „Ich spiele aber gerade!" keine Antwort mehr. Da gleich noch eine Freundin zu Besuch kommt, hast du Zeitnot und wirst sauer.

„THE WORK" SÄHE DANN SO AUS:
Dein Vorwurf: „NIE HÖRT DAS KIND ZU!"

FRAGE 1: Ist das wirklich wahr? ANTWORT 1: Na
ja, manchmal hört es zu, aber gerade halt nicht.
FRAGE 2: Kannst du mit absoluter Sicherheit
sagen, dass das wahr ist? ANTWORT 2: Ach,
verdammt. Wahrscheinlich hört es sogar zu. Es
scheint ihm nur egal zu sein, was ich will.
FRAGE 3: Was passiert, wenn du diesen Gedanken
glaubst? ANTWORT 3: Ich denke, dass mich mein
Kind aus böser Absicht heraus ignoriert.
FRAGE 4: Wer wärst du ohne diesen Gedanken?
ANTWORT 4: Eine nettere Mutter, die einen guten
Deal aushandelt, wie zum Beispiel: Du darfst noch
20 Minuten spielen, wenn du dann selbstständig ins
Bett gehst, ohne mich und meine Freundin zu stören.

„The Work" ist bestimmt nicht für jede oder jeden
geeignet, aber ich muss sagen, dass ich die ein oder
andere Situation ganz gut lösen konnte, weil ich
durch die Fragen bemerkt habe, dass ich kein Stück
besser bin als der oder die andere.
BEI UNSEREM BEISPIEL IST ES GANZ UND GAR KLAR:
Kind und Mutter wollen einfach unterschiedliche
Dinge. Mama will Wein und Ruhe, Kind will spielen
und Ruhe. Diese Einsicht macht die Sache nicht besser und die mütterliche Zeitnot nicht kleiner, aber
hilft wenigstens dabei, die Dinge so wahrzunehmen,
wie sie sind, und nicht einfach dem Kind alle Schuld
in die Schuhe zu schieben.

ICH BIN KEINE AMEISE. Punkt.

AMEISEN SIND COOLE SOCKEN.
Sie arbeiten den ganzen Tag,
kümmern sich hervorragend
um ihre Nachkommen und sind
insgesamt sehr soziale und bestens
organisierte Tiere. So weit kommt man
als Mama noch mit bei der Identifizierung
mit den kleinen Tierchen.

DOCH DANN WIRD'S TÜCKISCH: Ameisen stemmen, ohne mit der Wimper zu zucken, mal eben
das 30- bis 40-fache ihres eigenen Körperge-
wichtes. Und Mamas? Die tendieren zumindest
dazu zu glauben, sie könnten das auch.

UND SO LADEN WIR UNS ALLES AUF UND NOCH
MEHR. Zusammenbrechen ist keine Option. Die
sich für eine Ameise haltende Mama ist schließlich unkaputtbar. Das denkt sie zumindest. Dabei
ist es ziemlich offensichtlich, dass sie damit
falsch liegt. Ich meine, jeder Fahrstuhl, jeder Bus,
jedes Stromnetz hat eine Belastungsgrenze, aber
wir Mamas sind ja ach so erhaben über alles,
wir machen uns vor, für uns gelte kein Limit des
Schaffbaren. Und wenn wir dabei mal ins Tau-
meln geraten, dann machen wir uns auch noch
große Vorwürfe, denn eigentlich müssten wir das
doch hinkriegen. Schaffen die anderen Mamas
ja auch, sagen wir uns. Die jonglieren
Kinder, Sport, Beziehungsstatus
und Freundschaften mit links und
tippen gleichzeitig 20 berufliche

Mails mit rechts, während sie fröhlich pfeifend fünf Maschinen Wäsche falten und ihr Spanisch in einem Babbel-Kurs ein wenig auffrischen. Dieses Märchen erzählen wir uns selbst, damit wir es bloß nicht wagen, unter all der Last zusammenzubrechen. Dabei ist das ganz großer – verzeih mir – BULLSHIT!

Kinder großzuziehen ist eine unfassbar herausfordernde Aufgabe. DA GEHÖRT SO VIELES DAZU: das nächtliche Aufstehen, die Alltagsorganisation, die körperliche Pflege der Kleinen, die gesunde Ernährung, das seelische Wohlergehen, all die Freude, das Mitfühlen, das Zuhören, Trösten, Besprechen, Versprechen, Versöhnen, Entscheiden, Verstehen ... Und dann ist noch lange keine Spielplatzhose gewaschen oder das Kinderzimmer gesaugt.

So richtig verstanden, dass es auch für mich eine Grenze des Machbaren gibt, habe ich erst in der Corona-Pandemie. Als zu allem, was eh schon anfiel, plötzlich noch Homeschooling, die eigene Verunsicherung und die Umstellung des Kinderalltags dazukam. Plötzlich bin ich ziemlich ins Wanken geraten und habe mich wie so viele Mütter gefragt: „Ist das schon Burnout oder zählt das noch als total gestresst?" Laut Schätzungen des Müttergenesungswerkes muss diese Frage jede fünfte Mutter im Laufe ihres Lebens irgendwann mit „Burnout" beantworten.

Deshalb sollten wir es uns hier und heute eingestehen und nie wieder vergessen:
WIR SIND EINFACH NUR MENSCHEN. Menschen, die nicht alleine unterwegs sind, sondern in einem System leben, in dem es meist mehr Schultern gibt als zwei. Wir müssen und wir können auch gar nicht so viel stemmen, wie wir für nötig halten. Es ist unumgänglich, Dinge abzugeben, halb gut zu erledigen, aufzugeben oder einfach erst gar nicht anzufangen. Frag dich bei allem, was du tust, besser zweimal, ob es die Anstrengung wirklich wert ist.

Denn es ist nun mal Fakt:
DU BIST VERDAMMT NOCH MAL KEINE AMEISE. Und das ist letzten Endes eine sehr gute Nachricht. Allein schon wegen der Optik.

Keiner ist hier FALSCH.
AUCH ICH
nicht.

Egal, wie viele Mitglieder deine Familie hat und wie sie so drauf ist, sie ist mit Sicherheit ganz schön verrückt. Woher ich das weiß? JEDE FAMILIE IST AUF IRGENDEINE CHARMANTE WEISE VERRÜCKT! Ausnahmen sollten sich dringend bei der Forschung melden, denn ich wette, so eine Kuriosität wird sicher auf internationales Interesse stoßen ...

DOCH ZURÜCK ZU MEINER GEWAGTEN BEHAUPTUNG: Allein schon die unterschiedliche eigene Erziehungsgeschichte, die Menschen in eine Partnerschaft und in die Vorstellung von Familie mitbringen, macht das Unterfangen, ein gemeinsames Zuhause emotional und strukturell zu gestalten, hochinteressant und sehr komplex. Dann kommen noch die unterschiedlichen Beziehungserfahrungen, die Tagesform, der Charakter der einzelnen Kinder, die Dynamik untereinander, außerdem Schwiegereltern, Lehrer, Kitas, Großfamilien-WhatsApp-Gruppen, eventuell noch ein paar Patchwork-Streitigkeiten und ganz sicher viele andere äußere Einflüsse dazu, die den gemeinsamen Alltag nicht immer nur harmonischer gestalten, um es mal freundlich zu formulieren.

Besonders die Sache mit den unterschiedlichen Charakteren und der Dynamik untereinander kann die

Stimmung im Haus schon mal ganz schön hochkochen lassen. Der eine ist supersozial, die nächste hält Teilen für Selbstaufgabe, einer braucht ganz viel Harmonie, eine andere hat so richtig Bock auf Stress. Und alle ringen auf irgendeine Weise um persönliche Selbstentfaltung in diesem ganzen Wir, manchmal auch auf Kosten der anderen (zumindest, wenn man die anderen fragt). Da kann man als Mutter schon mal das Gefühl haben, im falschen Film statt am eigenen Abendbrottisch zu sitzen. In einem experimentellen koreanischen Arthouse-Streifen ohne Untertitel zum Beispiel.

GENAU IN SOLCHEN MOMENTEN KANN EIN GEDANKE GANZ BESONDERS WERTVOLL SEIN:

So verschieden wir auch sein mögen und wie wenig wir auch manchmal kapieren, warum die anderen sich so verhalten, wie sie sich verhalten: ANDERS IST NICHT FALSCH.

Auch wenn es komisch klingt: Selbst falsch ist irgendwie nicht falsch. Denn sogar für Verhaltensweisen, die offenkundig komplett daneben sind, gibt es meist eine ziemlich nachvollziehbare Erklärung. Jeder Tobsuchtsanfall, jeder Zickenkrieg und jede Gemeinheit hat irgendwo ihren

Ursprung, und sei es nur in einem unguten Gefühl, das man selbst nicht so richtig einordnen kann. Das kennen wir selber auch, wenn wir mal ganz ehrlich zu uns sind. Und so potenziert sich mit jedem weiteren Familienmitglied die Wahrscheinlichkeit, dass irgendetwas passiert, was man sich in seiner präfamiliären Bullerbü-Fantasie so nicht vorgestellt hatte.

Wenn du mal wieder gar nicht verstehst, was abgeht, dann sei dir zumindest in einem Punkt sicher: Niemand ist hier falsch. Jeder hat seine Gründe. Das heißt noch lange nicht, dass alles erlaubt ist, ABER ES GIBT EINEN GANZ GROSSEN UNTERSCHIED ZWISCHEN „DAS NERVT!" UND „DU NERVST!".

Selbst wenn man mit sich selbst spricht. Ich glaube, dieser feine Unterschied in der Kommunikation kann manchmal über Glück und Unglück entscheiden. Für jeden einzelnen und für unsere ganz eigene ziemlich verrückte (aber hoffentlich meistens ziemlich glückliche) Familie.

Noch mehr Zitate,
DIE DIR MUT MACHEN

Nora Ephron, US-amerikanische Drehbuchautorin und Regisseurin

„Wenn deine Kinder Teenager sind, ist es wichtig, einen Hund im Haus zu haben, sodass wenigstens einer im Haus sich darüber freut, dich zu sehen."

Reese Witherspoon, US-amerikanische Schauspielerin

„Ich sage immer: Wenn du deine Kinder nie anschreist, verbringst du nicht genug Zeit mit ihnen."

Angelina Jolie, US-amerikanische-kambodschanische Schauspielerin

„Obwohl ich immer viele Kinder wollte, habe ich es mir nicht so vorgestellt. Ich habe das Gefühl, dass mir alle Fähigkeiten fehlen, um eine traditionelle Mutter zu sein, die zu Hause bleibt."

Shonda Rhimes, US-amerikanische Drehbuchautorin und Produzentin

„Zwölf Jahre später bringen mich die Erinnerungen an diese Nächte des Schlafentzugs noch immer ein wenig ins Schwanken. Du willst jemanden foltern? Gib diesem Jemand ein süßes Baby, das er liebt und das nicht schlafen will."

Michelle Pfeiffer, US-amerikanische Schauspielerin

„Wie alle Eltern geben mein Mann und ich unser Bestes, halten den Atem an und hoffen, dass wir genug Geld beiseitegelegt haben, um die Therapien der Kinder zu bezahlen."

Jennifer Lopez, US-amerikanische Sängerin und Schauspielerin

„Ich habe meinen Freunden, die Kinder haben, immer gerne Ratschläge gegeben und sie haben mich angeschaut, als hätte ich drei Köpfe. Und dann, als ich selbst zwei Kinder bekommen hatte, habe ich mich bei allen so was von entschuldigt."

Michelle Gigi Hadid, US-amerikanisches Model

„Meine große Angst war: Bin ich als Mutter wirklich gut genug?"

Ich bin lieber
BIBIS
MAMA
als die
von
Conni.

Was die Existenz
von Aliens angeht,
kann man sich ja nicht
so ganz sicher sein, und
auch bei Geistern und Zeit-
reisen will ich mich nicht zu weit
aus dem Fenster lehnen.

ABER IN EINEM PUNKT, DA BIN ICH MIR SO WAS
VON SICHER:

Mütter wie die Mutter von Conni mit der Schleife
im Haar oder wie die Mama von Bobo Sieben-
schläfer, die gibt es in echt gar nicht! Sie mögen
den ganzen Tag mit Säuselstimme die Welt erklären, selbst über den größten Unfug lächeln,
höchstens mal ein klitzekleines bisschen schimp-
fen, immer total angemessen auf alles reagieren
und grundsätzlich eine perfekte Antwort auf
jedes Problem parat haben – mag alles sein. Aber
diese eine grundlegende Kompetenz fehlt ihnen:
EXISTENZ.

Das mag jetzt ein Schock sein, weil wir uns doch
so gern an diesen pädagogisch wertvollen, perfekten Mamas orientieren, um uns selbst richtig
mies fühlen zu können, aber mir persönlich ist
noch nie eine so unfehlbare Mutter über den

Weg gelaufen. Selbst ernannte schon, aber diese Fassade bröckelt dann spätestens, wenn die Kinder irgendwann in die Pubertät kommen oder man mal einen kleinen Blick hinter die Kulissen erhascht. Vielleicht gibt es mittlerweile sogar Studien, dass Mütter einfach nur Menschen sind? Also so echte, mit Abgründen und miesen Charaktereigenschaften, meine ich. Möglich wäre das.

ABER EGAL, WIE DIE WISSENSCHAFT ZU FIKTIVEN MÜTTERN STEHT: Ich persönlich wäre sowieso viel lieber Bibi Blocksbergs Mama als die Mutter von Conni. Klugscheißen kann Bibi zwar auch, aber das verzeiht man ihr gern, weil sie auch so richtig kindisch, doof und unvernünftig sein kann. Und ihre Mama? Die ist eine echte Hexe, kocht manchmal stinkende Entengrütze, ist supergenervt von ihrem Bernhaaaaard und rettet ihr Töchterchen zwar gerne, aber wenigstens mit einem gequälten Seufzer auf den Lippen.

Ja, mit dieser Frau kann ich mich identifizieren. Die ist echt. Die verrät ihre eigenen Prinzipien, wenn es sein muss. Die führt eine Beziehung, wie das normale Menschen eben tun. Mit Uneinigkeiten in Erziehungsfragen, mit vollkommen unterschiedlichen Vorstellungen von Urlaub und mit dem sicheren Gefühl, irgendwie manchmal nicht wirklich derselben Spezies anzugehören. Und trotzdem fühlt man in jeder Bibi-Blocksberg-Folge: Da ist ganz viel Liebe im Haus! Zwischen Bernhard und Barbara, zwischen den Eltern und Bibi und überhaupt in dieser ganzen Stadt. Selbst der Bürgermeister wird irgendwie gemocht, so blöd er auch sein mag.

UND WO WIR GERADE DRÜBER SPRECHEN: Bibis Mama zu sein ist allein deshalb schon erstrebenswerter, weil die sich einfach Guido Maria Kretschmer als Modeberater ins Schlafzimmer oder die Dreckwäsche aus dem Kinderzimmer in den Wäschekorb hexen kann. Du sagst, die Frau hext nur im Notfall und niemals im Haushalt? Ach, komm schon, das glaubst du ihr doch nicht ernsthaft!!!

„HEX HEX ... Hallo, Guido! Sag mal, wo du schon mal da bist: Tut dieses Kleid was für mich oder weg mit dem ollen Teil?"

Meine

SEELE

trägt einen

knallgelben

REGENMANTEL.

„Aber ist die Kleine nicht noch ein bisschen zu jung, um schon ein Geschwisterchen zu bekommen?"

Die andere Mutter schwenkt ihren Kopf immer wieder zwischen meinem prallen Bauch und meiner fröhlich herumkletternden, knapp zweijährigen Tochter hin und her. Es ist 2013, wir stehen auf einem Spielplatz im Karlsruher Zoo und ich kenne die Frau nicht, die gerade unsere Familienplanung und die Existenz meines ungeborenen Sohnes infrage stellt.

EINE UNVERSCHÄMTHEIT? VIELLEICHT.
Aber vor allem nur ein Beispiel unter vielen lustigen oder weniger lustigen Einmisch-Momenten, die auf dem Irrglauben anderer Menschen beruhen, Eltern würden sich über ungebetenen Rat oder die Bewertung ihrer Erziehungskompetenzen oder Familienplanung freuen.

An diesem Tag im Zoo jedenfalls schnappte ich wie ein Hering auf dem Trockenen nach Luft und lächelte einfach nur. Innerlich aber platzte ich vor Wut. Ich hatte es jetzt schon häufiger erlebt, dass mir jemand ungefragt seine Meinung mitteilte. Darüber, was das Kind braucht („Na, die Kleine will wohl an die Milchbar! Hehehe …"), was das Kind nicht braucht („Naaaaaa? Hat die Mama dir den Nucki gegeben? Bist du nicht schon ein großes Mädchen?") oder über die guten alten Zeiten („Da haben wir früher nicht so ein Heckmeck gemacht!").

Mittlerweile sind ein paar Jahre vergangen und nichts macht mich fröhlicher als der geringe Altersabstand meiner beiden Mittelkinder. Sie wachsen fast wie Zwillinge auf und lieben sich unendlich (solange sie nicht gerade streiten). Nur, um mal zu betonen, wie sehr diese andere Mutter mit ihrer Einschätzung danebenlag, auch wenn das eigentlich nichts zur Sache tut.

FAKT IST ABER: Wer Kinder hat, wird bewertet. Ständig. Von anderen Eltern, von den Schwiegereltern, von Pädagogen, von Fremden, von Nachbarn, Freunden und Kollegen. Manchmal ganz offen, manchmal hinter dem Rücken und manchmal ganz harmlos als Frage formuliert („Ach, echt, und du stillst immer noch?"). Es ist unglaublich, wie viel Meinung der Rest der Welt auf einmal hat, wenn man Eltern wird.

Es hat vier Kinder und sehr viele solcher Situationen gebraucht, bis ich verstanden habe, dass es absolut unmöglich ist, die anderen davon abzuhalten, ihren Senf dazuzugeben oder alle zufriedenzustellen. Denn Mom-Bashing oder Mom-Shaming hat letztendlich nichts mit der Mama zu tun, die mit einem unwillkommenen Laienratschlag infrage gestellt wird. Es hat vielmehr mit den eigenen Unsicherheiten derer zu tun, die ihre Meinung ungefragt rausposaunen oder sich zumindest mit gerunzelter Stirn ihren Teil denken. Um mal ganz ehrlich zu sein, manchmal ertappt man sich ja selber dabei, ein bisschen selbstgerecht die Erziehungsversuche der anderen zu beäugen. Meist dann, wenn man selbst gerade nicht den hellsten Stern am Pädagogikhimmel abgibt.

Meine Strategie:
Ich ziehe meiner Seele einen knallgelben Regenmantel an. UND DANN MACHE ICH, WAS ICH FÜR RICHTIG HALTE! Kritik von Unbeteiligten perlt ab. Irgendeiner ist sowieso immer dagegen. Egal!

Eine Tasse Kaffee mitten im CHAOS zu trinken, ist kein Verbrechen.

Kinder sind eigentlich gar nicht so anstrengend. Würde man mit ihnen dauerhaft in einem Fünf-Sterne-Hotel wohnen, eine lebenslange Lotto-Rente beziehen und von hinten bis vorne von einem gut aussehenden Hotelmitarbeiter namens Enrico bedient werden, dann wäre das Kinder-haben eine ganz schön entspannte Angelegenheit.

„Oh Enrico, schön, dass Sie fragen. Kind 1 hätte gerne eine Banane, und wenn Sie mal noch kurz die Betten machen, die Wäsche waschen, das verschwundene Kuschelschweinchen von Kind 2 suchen und die Toiletten putzen könnten ... Vielen Dank! Ich spiele so lange 715 Runden 'Kuckuck' mit Kind 3! Hab ja sonst nichts zu tun."

Ja, das wäre toll. So kämen wir wunderbar klar mit den Kids. Und mit Enrico sowieso. Zumindest, solange er keinen Urlaub einreicht.

Denn ohne Enrico sieht das Ganze schon ein bisschen anders aus. Die wahre Anstrengung ist nämlich nicht wirklich die Arbeit, die man er-ledigt, während man nebenher mit dem Baby „Kuckuck" spielt. Es ist vielmehr all die ungetane Arbeit, die man sieht, aber nicht schafft, weil so viel anderes anfällt und weil man Kinder nun mal nicht bekommt, um ihnen den ganzen Tag zu sagen, dass man keine Zeit für sie hat.

Dieses ständige Gefühl, sich eigentlich klonen zu müssen, um alles zu schaffen, während der Rest der Welt sämtliche To-dos gefühlt mit kompletter Leichtigkeit erledigt, ist furchtbar. Dabei ist das natürlich großer Quatsch, keiner wuppt hier irgendwas mit kompletter Leichtigkeit.

ES SIEHT VON AUSSEN NUR VIEL EINFACHER AUS, DOCH IM GRUNDE IST ES ÜBERALL DAS GLEICHE:

Unsere imaginäre oder tatsächlich aufgeschriebene To-do-Liste ist viel zu lang. Sie wird auch niemals wirklich kürzer, denn mit dem Alter der Kinder und somit der verfügbaren Zeit für die eigenen Belange steigt leider auch immer der Eigenanspruch. Schließlich kann man sich irgendwann nicht mehr mit den kleinen Kindern herausreden, wenn der eigene Haushalt mal wieder einer postapokalyptischen Filmkulisse gleicht.

Für jede Mama, die diese Zeilen liest, ist es amtlich: ES WIRD NIEMALS ALLES ERLEDIGT SEIN!

Und deshalb gibt es nur eine einzige sinnvolle Maßnahme gegen das Gefühl der Überforderung: Die To-do-Liste zu ganzjähriger Hirn-Deko erklären und akzeptieren. Die Krümel zu Boden-Deko erklären und akzeptieren. Und die fettfinger- und regentropfenschmierigen Fenster zu Murano-Glaskunst erklären und akzeptieren.

Denn es ist so: Sich erst Entspannung zu erlauben, wenn alles erledigt und perfekt ist, bedeutet, sich niemals Entspannung zu erlauben. Und das wäre fatal.

DESHALB: Es ist kein Verbrechen, sich mitten im Chaos ganz in Ruhe einen Kaffee, einen Tee oder auch ein kleines Mittagsschläfchen zu gönnen. Im Gegenteil. Eigentlich ist es geradezu ein Verbrechen, das nicht zu tun.

Jeder
FELS
DARF AUCH MAL
Welle
SEIN.

Es gibt da dieses eine Ikea-
Bild. Kennen eigentlich fast
alle, und falls nicht, kann
man es sich trotzdem vor-
stellen, weil Ikea-Bilder letzten
Endes immer Ikea-Bilder sind.
Dieses eine, das ich meine, zeigt
jedenfalls einen Leuchtturm aus Stein auf einem
kleinen Felsen mitten im tosenden Meer. Die
Wellen klatschen meterhoch gegen das Gestein,
überall Gischt und spritzendes Wasser. Es ist im
Grunde sogar ein durchaus beeindruckendes
Bild, wenn man mal den Hundertmal-
gesehen-Gewöhnungsfaktor abzieht.

WAS ICH EIGENTLICH SAGEN WILL: Vermutlich
fühlt sich fast jede Mama zwischendurch wie
dieser Fels. Sie trägt eine Menge Ballast, wird
von den heimtückischsten Wellen umspült und
soll trotzdem nicht ins Wanken geraten, weil
sonst der blöde Steinturm (also das Familien-
konstrukt) in sich zusammenfällt. So muss das
sein als Mama. Oder? Nein, muss es nicht!

Der Fels zu sein fühlt sich so lange okay an, bis
man leider doch irgendwann einmal ins Wanken
gerät. Zum Beispiel, weil man zu wenig geschlafen hat oder weil der Sturm zu lange anhält oder
weil man eben gerade einfach keinen Bock drauf
hat, die immer Stabile in der Familie zu sein.

Und – BÄMM! – kracht
der Turm in die eiskalten
Fluten. Das ist an sich
schon doof, aber für den
armen Felsen kommt dann
auch noch eine große Portion
Schuldgefühle hinzu. UND, MÜTTER DIESER
WELT, LASST UNS MAL ANGEBEN: Darin sind wir
unschlagbar gut! Uns selbst Vorwürfe zu machen
oder Hätte-hätte-Fahrradkette-Gedanken in
unserem Hirn von rechts nach links und wieder
zurück zu schieben, in dieser Disziplin macht uns
echt keiner was vor. Wir sind Meisterinnen der
emotionalen Selbstdemontage, wenn wir mal
nicht unserem eigenen Anspruch (oder auch dem
der Umwelt) genügen.
Nicht mal die Avengers und die PAW Patrol gemeinsam könnten irgendetwas ausrichten gegen
die unbändige selbstzerstörerische Kraft, die wir
aufbringen, wenn wir unzufrieden sind mit unserer eigenen Mama-Performance.

Wenn es wieder mal so weit ist, versuche fol-
gendes Gedankenexperiment: Reise in Gedanken
den Zeitstrahl zurück, bis du dich selbst siehst
im Alter deines Kindes. Vielleicht bist du jetzt ein
Baby, vielleicht ein Vorschulkind, vielleicht aber
auch schon jugendlich. Ganz egal. Schau dir dein
jüngeres Ich an und frage dich, ob du nicht ein
bisschen viel verlangst, wenn du von diesem

kleinen Persönchen erwartest, dass es sich zu einem Menschen entwickelt, der keine Fehler macht, immer stabil ist und für jeden anderen einen Halt bietet. Erst wenn man sich das mal von außen und mit ein bisschen zeitlichem Abstand ansieht, wird einem so richtig bewusst, wie absurd dieser Eigenanspruch ist.

DIE WAHRHEIT IST: Kein Mensch kann immer der Fels sein. Es wäre eine geradezu verheerende Botschaft an die eigenen Kinder, dass Erwachsene immer Halt geben müssen. Denn irgendwann werden sie selbst erwachsen sein und werden sich in tosenden Wellen wiederfinden, und dann möchte ich für meine Kinder ganz dringend, dass sie sich nicht mit Vorwürfen zermürben, sondern dass sie wissen:

MANCHMAL SIND ERWACHSENE DER FELS. MANCHMAL SIND SIE SELBST DIE WELLE.

Und das ist nicht nur okay, das ist sogar gut so!

Ho'oponopono

EINE REISE NACH HAWAII GE-
FÄLLIG? Ich reise da häufiger
mal hin, allerdings leider nur
mental. Meistens setze ich mich
dann im Kokosnussbikini an die Bar,
bestelle mir eine Poké Bowl und irgendei-
nen verrückten Waikiki-Cocktail, lese die Oba-
ma-Biografie endlich fertig und wage manchmal
sogar einen kleinen Hula-Dance, wenn niemand
zuschaut. So eine kurze mentale Reise empfehle
ich ganz besonders auf Elternabenden ab Tages-
ordnungspunkt 14, nach Kindergeburtstagen, die
man selbst ausrichten musste, oder wenn man
gerade versucht, ein wild um sich schlagendes
Kleinkind in einen Schneeanzug zu quetschen.

Manchmal habe ich aber auch noch einen anderen Grund für meine Hawaii-Reise, denn es gibt
ein uraltes Ritual in dem Inselstaat, das ich gerne
in Gedanken praktiziere, wenn es gerade mal
nicht ganz so glatt läuft in der Familie.

ES HEISST HO´OPONOPONO UND GILT IN DEN
USA BEREITS ALS ANERKANNTE THERAPIEFORM.
Dort bekannt wurde es durch den hawaiianischen
Therapeuten und Arzt Dr. Ihaleakala Hew Len, der
fest davon überzeugt ist, es gebe kein Problem,
das nicht durch Ho´oponopono gelöst
werden kann. Ob das wirklich

so ist, kann ich nicht beurteilen, aber ich muss sagen: Mir hat es bisher immer geholfen, obwohl ich garantiert die Hälfte davon komplett falsch mache. Mir fehlt nicht nur der Kahuna (das ist ein hawaiianischer Schamane, der die Zeremonie leitet), sondern auch sehr viel Wissen. Außerdem gehe ich die Mantras des Rituals meist alleine durch und nicht – wie eigentlich gedacht – mit dem Konfliktpartner. Das scheint aber gar nicht so viel auszumachen, denn mir geht es danach trotzdem grundsätzlich besser. Meist löst sich dann auch der Konflikt von ganz alleine auf, denn es macht niemandem wirklich Spaß zu streiten, wenn einer einfach nicht mehr mitmacht.

Es gibt verschiedene Übersetzungen oder Formen des Rituals, aber eine davon gefällt mir besonders. Hier kommt sie also, die magische Formel, die man immer und immer wieder in Gedanken wiederholt, bis man sich von seinem Ärger und von den eigenen Schuldgefühlen löst:

ICH VERGEBE DIR.
ICH BITTE DICH UM VERGEBUNG.
ICH VERGEBE MIR.
ICH LIEBE DICH.
ICH LIEBE MICH.

Jetzt mag man sich fragen, warum man um Vergebung bitten und sich selbst verzeihen sollte, wenn
man sich doch eventuell über jemand anderen
ärgert. Das habe ich mich auch erst gefragt. Aber
die Erklärung klingt für mich logisch: Der traditionelle hawaiianische Glaube geht davon aus,
dass alle Menschen miteinander verbunden sind.
Wenn zwischen mir und einem anderen Menschen
also irgendetwas schiefläuft, habe ich immer und
grundsätzlich meinen Anteil daran. Im Zusammen-
spiel mit meinen Kindern kann ich klar sagen: Das
ist wirklich so. Manchmal ist dieser Anteil nur ein
wirklich winziger, aber sobald man sich mit diesem eigenen Anteil beschäftigt, verfliegt der Ärger
auf die andere Person irgendwie von selbst.

Ho`oponopono ist für mich eine kleine Glücks-
formel. Denn ich glaube, wenn es eine einzige
Fähigkeit gibt, die man wirklich braucht als
Mutter, dann ist das weder backen zu
können noch unendlich viel Geduld zu
haben oder kunstvolle Flechtfrisuren
hinzukriegen, sondern genau diese:

VERGEBEN KÖNNEN.
IMMER WIEDER UND
WIEDER UND WIEDER.
UND ZWAR NICHT NUR
DEN ANDEREN, SONDERN
AUCH SICH SELBST.

Du bist nicht allein!

Vielen Dank, dass du dir die Zeit genommen hast, dem mindestens fünfhundertzweiundachtzigsten Mama-Buch in deinen Händen die Chance zu geben, dir etwas Neues zu erzählen. Denn eigentlich weißt du all das, was man tun könnte, sollte, lassen sollte oder hätte tun können, um die entspannteste Version von sich selbst zu sein. In der Theorie eine Supermutter zu sein ist nämlich unfassbar einfach. Doch die Realität sieht an manchen Tagen eben anders aus. Und so scheitere auch ich in der Praxis im Alltag mit vier Kindern regelmäßig an meinen eigenen Idealen, selbst wenn sie in der Theorie noch so gut, sinnvoll und umsetzbar klangen. Was also befähigt genau mich, ein Buch voller Mamamantras zu schreiben? Warum genau sollte eine, die schon heulend und ratlos auf einem Gartentrampolin lag, die schon mit blanken Nerven durchs Haus gebrüllt hat und die nicht nur ein Mal völlig abgehetzt zu spät auf Elternabenden auftauchte, kluge Ratschläge geben dürfen? Was qualifiziert mich dazu?

DIE WAHRHEIT IST: Ich weiß wahrscheinlich nicht mehr als du und ich mache sicherlich nichts besser als du. Das zu leugnen wäre zwecklos, denn im Internet kannst du dir viel zu viele ehrliche Kolumnen über mein wunderschönes, aber vollkommen unperfektes Familienleben durchlesen. Dieses Buch ist also explizit KEIN Expertenbuch. Ich habe mir einfach nur die Zeit genommen, einige der Weisheiten, die Mamas in guten Momenten in sich tragen, aufzuschreiben. Für mich selbst, für dich, für alle Mamas. Warum ich das gemacht habe?

In einem Literaturseminar in Italien hat uns ein sehr kluger und belesener Professor mal gefragt, warum Menschen überhaupt Bücher lesen. All die klugen Antworten wie „Wissensdurst", „Bildung" und „Interesse" ließ er nicht gelten. Für ihn gab es nur eine Antwort: „Wir lesen, damit wir nicht alleine sind!" Und ich glaube, das gilt nicht nur fürs Lesen, sondern auch fürs Schreiben. Und fürs Mamasein. Mit diesem Buch will ich dir und mir sagen:

DU BIST NICHT ALLEIN.
ICH BIN NICHT ALLEIN.

Es ist überall dasselbe. Und in dieser vermeintlich kleinen Erkenntnis steckt weit mehr Glück, als es zunächst scheint.

Die in diesem Buch gewählten geschlechtlichen Formen beziehen sich immer zugleich auf weibliche, männliche und diverse Personen, denn natürlich sollen unsere Bücher allen Menschen Freude bringen.

MARIE STADLER, geboren 1984, hat Italienische und Deutsche Literatur in Hamburg und Venedig studiert und lange Jahre beim Fernsehen gearbeitet. Heute lebt sie mit ihrem Mann und ihren Kindern vor den Toren Hamburgs und schreibt über ihr Leben als Vierfachmutter für die Onlineseiten der Zeitschriften Eltern, Brigitte, Stern und Barbara. Sie liebt Pizza Funghi, den Duft von Sonnencreme und ordentliche Kinderzimmer, auch wenn sie Letzteres nur vom Hörensagen kennt.

© 2022 arsEdition GmbH, Friedrichstr. 9,
D-80801 München
Alle Rechte vorbehalten
Text: Marie Stadler
Illustration und Gestaltung Innenteil:
Franziska Misselwitz
Hintergründe/Vignetten: www.shutterstock.com:
Jana M, Evergreen Maria, KeepMakingArt,
Olga_C, ju.hrozian, moobeer, StarLine
Gestaltung Cover: arsEdition GmbH
Bildnachweis Cover: www.shutterstock.com:
Jana M, Evergreen Maria
ISBN 978-3-8458-4729-0

www.arsedition.de